AF349510

NOTICE

SUR LA VIE ET LES OUVRAGES

DE

M. L.-M. LANGLÈS,

Membre de l'Institut, (Académie des Inscriptions et Belles-Lettres)
Conservateur des Livres orientaux de la Bibliothèque du Roi,
Professeur de persan à l'École spéciale des Langues Orientales, etc.

Par M. A. R.

PARIS,

A LA LIBRAIRIE ORIENTALE

DE DONDEY-DUPRÉ PÈRE ET FILS,

IMP.-LIB. DE LA SOCIÉTÉ ASIATIQUE,

Rue Saint-Louis, N⁰. 46, au Marais, et rue de Richelieu, N⁰. 67,
vis-à-vis la Bibliothèque du Roi.

M DCCC XXIV.

EXTRAIT

Du JOURNAL ASIATIQUE, rédigé par MM. DE CHÉZY,—
COQUEBERT DE MONTBRET, — DEGÉRANDO, — FAURIEL, — GARCIN
DE TASSY, — GRANGERET DE LAGRANGE, — HASE,—KLAPROTH,—
RAOUL-ROCHETTE,—ABEL-RÉMUSAT,—SAINT-MARTIN,—SILVESTRE
DE SACY,—et autres Académiciens et Professeurs français et étrangers;

Et publié par la Société Asiatique.

Il paraît, par année, douze Cahiers de ce Recueil, qui forment deux volumes in-8º.

Le Prix de l'Abonnement, pour l'année, est de 20 francs.

On ne peut souscrire pour moins de six mois ou d'un volume; alors l'Abonnement est de 12 fr.

Il faut ajouter pour le port,

Pour les Départemens....   1 fr. 25 cent. par volume.
Pour l'Étranger.........   2 fr. 50 cent.   *idem.*

On s'abonne à Paris, A LA LIBRAIRIE ORIENTALE DE

DONDEY-DUPRÉ PÈRE ET FILS, Imp.-Lib., Éditeurs-Propriétaires du Journal Asiatique, rue St.-Louis, Nº. 46, au Marais, et rue de Richelieu, Nº 67, où l'on peut se procurer le CATALOGUE DE LANGUES ET LITTÉRATURE ORIENTALES, qui vient de paraître.
Et chez les principaux Libraires de la France et de l'Étranger.

NOTICE

SUR LA VIE ET LES OUVRAGES DE M. L.-M. LANGLÈS.

M. Langlès (Louis-Mathieu), membre de l'Institut (Académie des inscriptions et belles-lettres), conservateur des livres orientaux de la bibliothèque du roi, professeur de persan à l'école spéciale des Langues Orientales, est mort à Paris, le 28 janvier dernier. Il était né à Pérenne, d'autres disent à Paris, en 1763. Une petite charge que son père exerçait dans la connétablie, et dont il avait hérité, eût pu le diriger vers l'état militaire, mais il préféra l'étude des Lettres, et en particulier celle des langues orientales. Il suivit au collége royal les leçons d'arabe de M. Caussin de Perceval, et celles de persan de M. Ruffin, et il fut en outre aidé des conseils de M. Silvestre de Sacy. La première occasion qu'il eut de montrer son goût pour l'histoire de l'Asie, lui fut fournie par la traduction anglaise des *Instituts politiques et militaires de Tamerlan* donnée par le major Davy. M. Langlès s'exerça à comparer cette traduction avec l'original persan, et ce fut de cette manière qu'il rédigea une version nouvelle en français. Il la fit imprimer enrichie de quelques additions, en 1787, et cette publi..

cation fut son début dans une carrière où il a toujours persévéré depuis. Personne ne s'est plus occupé
que lui du soin de faire connaître en France les ouvrages traduits des langues orientales qui paraissaient
en Angleterre et en Allemagne, genre de travail
d'une utilité incontestable, communément assez ingrat,
et qui, pour M. Langlès, n'a pas été sans gloire. La
même année, M. Bertin, trésorier des parties casuel-
les, qui depuis long-tems entretenait une correspon-
dance suivie avec les missionnaires de la Chine, cher-
chait un jeune littérateur qui voulût se charger d'être
éditeur du Dictionnaire Mandchou-Français dont le
père Amiot lui avait envoyé le manuscrit. M. Langlès lui fut désigné pour ce travail, et il s'en acquitta
avec zèle et exactitude. L'examen des manuscrits du
missionnaire lui fournit en même tems les moyens de
décomposer le syllabaire tartare, d'en rédiger un alphabet, et d'en faire graver les poinçons. La haute
importance que M. Langlès mettait à cette analyse
alphabétique, et les éloges un peu outrés qu'elle lui
attira, ont éveillé la sévérité de la critique, et on l'a
accusé de s'être approprié l'alphabet que Deshauterayes
avait fait graver vingt ans auparavant dans les planches de l'Encyclopédie. Il est plus probable que M. Langlès n'en avait pas eu connaissance, car l'opération
qu'il avait exécutée, si simple et si facile que le
premier venu eût pu la faire tout aussi bien, ne mé-
ritait pas qu'on s'exposât au reproche de plagiat.
M. Langlès n'a jamais su le mandchou, assez, du
moins, pour en lire une page dont il n'aurait pas

connu le sens d'avance ; mais il a donné une édition très-exacte du dictionnaire d'Amiot ; il a fait graver deux corps de caractères de cette langue ; et il en a tant de fois vanté l'utilité et la facilité, qu'on peut e regarder, à plus juste titre encore que les missionnaires, comme étant celui qui en a introduit l'étude en Europe. Les services qu'il a rendus aux autres langues de l'Orient sont de la même nature ; il les aimait, les célébrait en toute occasion, en introduisait les mots ou les caractères dans tous ses livres, éveillait, par la bizarrerie même de ces formes exotiques, l'attention de ses lecteurs, publiait des textes, indiquait les moyens d'étudier les idiomes asiatiques, et par là il a peut-être plus contribué à en répandre le goût, que bien des savans plus profondément initiés que lui dans leurs mystères. C'est de cette manière qu'il était sans cesse ramené à entretenir ses lecteurs des différentes langues de la Tartarie, de l'Inde et des Iles orientales. Les langues plus répandues, et dans lesquelles il est tout à la fois plus facile et plus indispensable de faire des progrès réels, l'arabe, le turc, et surtout le persan, avaient aussi occupé M. Langlès, et sa vie entière a été remplie par le soin de les populariser. Il aurait voulu les mettre à la mode, et ses *Recherches sur l'Essence de Rose,* petit ouvrage peu propre à produire cet heureux effet, semblent n'avoir pas eu d'autre but. Tel fut aussi l'objet d'une adresse qu'il présenta en 1790 à l'Assemblée nationale, et des démarches qu'il fit ultérieurement, et qui amenèrent en 1795 l'institution de l'École des langues orientales vivantes, d'une uti-

lité reconnue pour la politique et le commerce.
M. Langlès fut nommé administrateur de cette école,
et il se glorifiait avec raison d'avoir influé sur quel-
ques-uns des choix qui l'ont illustrée ; lui-même y a
donné pendant près de trente ans des leçons de persan, et il aurait voulu comprendre dans son enseigne-
ment le mandchou et le malai. La réputation que tant
d'efforts lui avaient acquise lui avait ouvert les portes
de l'Institut au moment de la création de ce corps, et
il passa ensuite de la classe de littérature et de beaux-
arts dans celle d'histoire et de littérature ancienne,
redevenue, en 1816, Académie des inscriptions et
belles-lettres. Il ne fut pas, dans les commencemens
étranger à la rédaction des Mémoires publiés par cette
savante compagnie. Plus tard, il se borna à composer
des *Notices* et des *Extraits* pour la collection qui porte
ce titre, mais depuis plusieurs années il était presque
entièrement revenu à son travail favori, qui consis-
tait à publier des voyages en Asie, avec des additions tirées d'une manière plus ou moins directe des
auteurs orientaux. La seule liste de ceux qu'il a donnés de cette manière occuperait plus de place que nous
ne pouvons en consacrer à cette Note : il suffira
de nommer Thunberg, Pallas, Norden, Forster et
Chardin, pour rappeler d'utiles entreprises formées
avec un zèle louable, et poursuivies avec une infati-
gable activité. Nous aimons mieux indiquer les vues
qui l'ont dirigé dans ses recherches, que d'allonger
cet article par une stérile nomenclature de ses ouvrages qui sont très-connus, et dont il a lui-même

donné des catalogues détaillés et fort exacts. Nous ne pouvons, par la même raison, parcourir les innombrables opuscules qu'il a donnés sous le titre favori de *notices*, à divers recueils périodiques et notamment au Magasin encyclopédique. Presque tous ont été tirés à part, et la collection qu'on en pourrait aire ne serait pas sans intérêt pour l'histoire littéraire, car pendant trente ans il ne s'est pas passé un seul événement en Asie, il n'y a pas eu, en Europe, de circonstance propre à rappeler quelque chose de relatif à l'Orient, qui n'aient été, pour M. Langlès, le sujet ou l'occasion de quelque publication. Cette persévérance et le bon accueil qu'obtenaient de lui presque tous ceux qui aspiraient au même genre de mérite, lui avaient valu, dans cette branche de littérature, nne véritable popularité. Nulle entreprise de librairie en ce qui concernait l'Asie, ne se formait sans qu'il y eût participé; l'Orient était en quelque sorte son domaine, on le consultait sur ce qu'il savait et sur ce qu'on croyait qu'il devait savoir ; et le nom nouveau d'*Orientaliste*, sous lequel quelques personnes aiment à confondre ceux qui étudient les langues de l'Asie, et ceux qui cherchent à approfondir l'histoire de cette partie du monde, ce nom aurait pu être inventé pour M. Langlès, tant il exprimait bien ses goûts et les habitudes de son esprit. Cette disposition lui a fourni les moyens de publier de nombreux et volumineux ouvrages ; parmi les plus remarquables, il convient de citer les deux premiers volumes des Mémoires de l'Académie de Calcutta, pour lesquels il avait rédigé une foule d'additions, et les *Monumens de l'Hindoustan*, ouvrage dont les planches reproduisent, dans une dimension qui en rend le prix plus généralement accessible, ce qu'il y a de plus important dans celles de Daniels. Le texte qu'il y a joint, comme celui de ses autres ouvrages, contient de nombreux extraits d'ouvrages anglais publiés dans l'Inde, qu'il possédait presque seul sur le Continent, et auxquels il accordait par fois trop de confiance. L'opinion d'un voyageur qui avait doublé le cap de Bonne-Espérance, ou un fait qu'il avait tiré avec peine d'un manuscrit asiatique, exerçait une sorte d'empire sur son imagination et faisait quelquefois violence à sa critique ; de là sont nées des opinions hasardées et des contradictions qui ont pu inspirer de la défiance aux esprits rigoureux. La connaissance des langues, même les plus éloignées et les plus difficiles, n'a rien en soi de bien précieux ; elle ne vaut que par ce qu'on en tire ; sous ce rapport on doit rendre justice à M. Langlès : s'il était trop souvent préoccupé de l'idée qu'on acquiert un haut mérite, en sachant même médiocrement un grand nombre d'idiomes, il a toujours dirigé l'étude de ceux qu'il avait réellement appris vers les objets d'utilité. Il s'est peu arrêté à ces minuties philologiques, ou à ces bagatelles poétiques, qui exigent à la vérité des connaissances profondes, mais qui sont peu propres à en faire sentir le prix, et qui décréditeraient peut-être les études orientales, si de bons esprits ne se chargeaient du soin de rappeler au public que ces études peuvent conduire à autre chose. C'était surtout l'histoire et la géographie qui sollicitaient la curiosité de M. Langlès, et ce sont ces sciences aussi qui lui ont eu le plus d'obligation ; il a, si l'on veut, entrepris plus qu'il ne pouvait faire, il a formé des systèmes, émis même des erreurs, mais il a abordé des questions graves, provoqué des discussions utiles, et ceux qui le réfuteront lui seront quelquefois redevables des connaissances mêmes qu'ils employeront à cet usage. Il a remué beaucoup d'idées, mis en circulation un grand nombre de renseignemens, publié, traduit, extrait une foule de livres, fait graver de nouveaux types, appelé par sa prédication, de nombreux partisans à l'étude des langues orientales. Bien des savans plus profonds dans leurs études n'ont pas laissé d'aussi grands résultats de leurs veilles; c'en est assez pour lui conserver une partie de la renommée qu'il avait acquise ; la critique provoquée par de vaines exagérations, et qui, de son vivant, s'était chargée de lui en contester une partie, doit, si elle est guidée par un esprit de justice, lui laisser l'autre, qui n'est point usurpée. M. Langlès n'était pas membre de la Société Asiatique, dont il semblait qu'il aurait dû voir la naissance avec plaisir, et encourager les premiers fondateurs. Il ne laissa pas de contribuer, autant que cela lui fut possible, à la perfection de l'un des travaux que le conseil avait entrepris. Cette double circonstance autorise le tribut que nous payons à sa mémoire, sans nous imposer d'autre règle que l'amour de la vérité. Un plus éclatant hommage lui sera rendu dans le sein de l'Académie, et peut-être aussi dans les Sociétés

Asiatiques de Calcutta et de Londres, qui avaient inscrit son nom sur la liste de leurs membres honoraires ; ce serait un autre hommage digne de lui, que de conserver à la France la précieuse bibliothèque qu'il avait rassemblée, et dont il laissait, dit-on, la pleine et entière disposition à ses amis. Cette collection formée avec des sacrifices pécuniaires continués pendant de longues années, et enrichie des ouvrages d'un grand nombre de savans français et étrangers, contient, non-seulement des livres rares, mais des réunions plus rares encore de livres choisis dans l'intérêt d'un seul genre d'étude, et dont la dispersion diminuerait beaucoup le prix.

IMPRIMERIE DE DONDEY-DUPRÉ.

www.ingramcontent.com/pod-product-compliance
Lightning Source LLC
LaVergne TN
LVHW010808180726
843502LV00011B/4417